记住乡愁

——留给孩子们的中国民俗文化

刘魁立◎主编

第八辑 传统营造辑

造船史话

冯立昇◎编著

本辑主编 刘 托

黑龙江少年儿童出版社

编委会

序

　　亲爱的小读者们，身为中国人，你们了解中华民族的民俗文化吗？如果有所了解的话，你们又了解多少呢？

　　或许，你们认为熟知那些过去的事情是大人们的事，我们小孩儿不容易弄懂，也没必要弄懂那些事情。

　　其实，传统民俗文化的内涵极为丰富，它既不神秘也不深奥，与每个人的关系十分密切，它随时随地围绕在我们身边，贯穿于整个人生的每一天。

　　中华民族有很多传统节日，每逢节日都有一些传统民俗文化活动，比如端午节吃粽子，听大人们讲屈原为国为民愤投汨罗江的故事；八月中秋望着圆圆的明月，遐想嫦娥奔月、吴刚伐桂的传说，等等。

　　我国是一个统一的多民族国家，有56个民族，每个民族都有丰富多彩的文化和风俗习惯，这些不同民族的民俗文化共同构筑了中国民俗文化。或许你们听说过藏族长篇史诗《格萨尔王传》

中格萨尔王的英雄气概、蒙古族智慧的化身——巴拉根仓的机智与诙谐、维吾尔族世界闻名的智者——阿凡提的睿智与幽默、壮族歌仙刘三姐的聪慧机敏与歌如泉涌……如果这些你们都有所了解，那就说明你们已经走进了中华民族传统民俗文化的王国。

你们也许看过京剧、木偶戏、皮影戏，看过踩高跷、耍龙灯，欣赏过威风锣鼓，这些都是我们中华民族为世界贡献的艺术珍品。你们或许也欣赏过中国古琴演奏，那是中华文化中的瑰宝。1977年9月5日美国发射的"旅行者1号"探测器上所载的向外太空传达人类声音的金光盘上面，就录制了我国古琴大师管平湖演奏的中国古琴名曲——《流水》。

北京天安门东西两侧设有太庙和社稷坛，那是旧时皇帝举行仪式祭祀祖先和祭祀谷神及土地的地方。另外，在北京城的南北东西四个方位建有天坛、地坛、日坛和月坛，这些地方曾经是皇帝率领百官祭拜天、地、日、月的神圣场所。这些仪式活动说明，我们中国人自古就认为自己是自然的组成部分，因而崇信自然、融入自然，与自然和谐相处。

如今民间仍保存的奉祀关公和妈祖的习俗，则体现了中国人崇尚仁义礼智信、进行自我道德教育的意愿，表达了祈望平安顺达和扶危救困的诉求。

小读者们，你们养过蚕宝宝吗？原产于中国的蚕，真称得上伟大的小生物。蚕宝宝的一生从芝麻粒儿大小的蚕卵算起，中间经历蚁蚕、蚕宝宝、结茧吐丝等过程，到破茧成蛾结束，总共四十余天，却能为我们贡献约一千米长的蚕丝。我国历史悠久的养蚕、丝绸织绣技术自西汉"丝绸之路"诞生那天起就成为东方文明的传播者和象征，为促进人类文明的发展做出了不可磨灭的贡献！

小读者们，你们到过烧造瓷器的窑口，见过工匠师傅们拉坯、上釉、烧窑吗？中国是瓷器的故乡，我们的陶瓷技艺同样为人类文明的发展做出了巨大贡献！中国的英文国名"China"，就是由英文"china"（瓷器）一词转义而来的。

中国的历法、二十四节气、珠算、中医知识体系，都是中华民族传统文化宝库中的珍品。

让我们深感骄傲的中国传统民俗文化博大精深、丰富多彩，课本中的内容是难以囊括的。每向这个领域多迈进一步，你们对历史的认知、对人生的感悟、对生活的热爱与奋斗就会更进一分。

作为中国人，无论你身在何处，那与生俱来的充满民族文化DNA的血液将伴随你的一生，乡音难改，乡情难忘，乡愁恒久。这是你的根，这是你的魂，这种民族文化的传统体现在你身上，是你身份的标识，也是我们作为中国人彼此认同的依据，它作为一种凝聚的力量，把我们整个中华民族大家庭紧紧地联系在一起。

《记住乡愁——留给孩子们的中国民俗文化》丛书，为小读者们全面介绍了传统民俗文化的丰富内容：包括民间史诗传说故事、传统民间节日、民间信仰、礼仪习俗、民间游戏、中国古代建筑技艺、民间手工艺……

各辑的主编、各册的作者，都是相关领域的专家。他们以适合儿童的文笔，选配大量图片，简约精当地介绍每一个专题，希望小读者们读来兴趣盎然、收获颇丰。

在你们阅读的过程中，也许你们的长辈会向你们说起他们曾经的往事，讲讲他们的"乡愁"。那时，你们也许会觉得生活充满了意趣。希望这套丛书能使你们更加珍爱中国的传统民俗文化，让你们为生为中国人而自豪，长大后为中华民族的伟大复兴做出自己的贡献！

亲爱的小读者们，祝你们健康快乐！

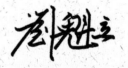

二〇一七年十二月

目 录

船的起源：从腰舟到木板船

船的起源：从腰舟到木板船

船的产生是人们长时间的观察和反复制造、改进的结果，经历了一个漫长的过程。《世本》记有："古者观落叶因以为舟。"《淮南子》中提到："见窾木浮而知为舟，见飞蓬转而知为车。"远古先民经常见到落叶、枯木等物体漂浮在水面之上，便对这些物体的漂浮现象产生了兴趣。经过反复研究，人们开始尝试利用浮力制作浮具，最终发明了水上交通运输工具——船。

在中国古代的传说中有很多关于造舟的故事，例如大禹为了指挥治水工程伐树为舟的传说。相传大禹得知

大禹雕像

山中有一棵直径 3 米多的梓树，他认为这是非常适合制作独木舟的材料，于是带领木匠去采伐。树神知道此事后，化身为童子前去阻止，大禹严厉地斥责了树神，并向他讲明了造舟的重要性。随后大禹命人砍下了大树，用其制造成宽大而灵便的独木舟。大禹乘坐独木舟指挥治水工程，经过 13 年的努力，终于治理了洪水。

关于船的发明的传说，在一定程度上反映了某种事实，即新石器时代中国的先民已经发明了船。

腰舟

葫芦是自然界古老的物种，它具有体轻、防湿性强、浮力大等特点，所以很早就被用作水上交通和运载的工具，它是最原始的渡水工具之一。

《物原》中记载了"燧人氏以匏济水"，这里提到的"匏"，就是葫芦，也被称为腰舟。燧人氏是钻木取火技术的发明者，按历史发展脉络推断，他应是农耕之前，渔猎时代发明家的代表，当时燧人氏采集野生葫芦作为济水工具，也完全符合历史发展进程。

根据考古发现，我国早在 7000 年前就已经掌握栽培葫芦的技术，在浙江的余姚河姆渡新石器时代文化遗址中，曾发现葫芦的种子。文献中有关利用葫芦渡河的记载也很早，《诗经》中就曾提到："匏有苦叶，济有深涉。深则厉，浅则揭。"大意是用成熟的葫芦渡河，深水时将葫芦拴在腰间泅渡，浅水时直接提起衣裳渡河就行。在《国语》中有："夫苦匏不材于人，共济而已"。其中"济"即"渡"，说的也是利用葫芦渡水。这句话的意思是把几个葫芦用绳连缀到一起，不仅浮力成倍增加，还可以解脱双手，用以划水。

过河时把几个葫芦拴在腰间，人们称其为腰舟。这种腰舟在汉族活动的黄河流域也有迹可寻，传说以前晋南黄河岸边的佃农，为了到对岸耕田，常常利用两个被捆绑在一起的葫芦渡河，每日往返于黄河两岸。

腰舟的使用，在南方一些少数民族地区至今还能看到。例如，海南岛上的黎族人常在出行时携带腰舟，将其作为水上交通工具。黎族

｜黎族人使用的腰舟｜
冯立昇　摄

人通常选择较大的圆形葫芦制作腰舟，葫芦外面编着竹篾或藤网罩，顶端有提梁，底部有圈足，平时可以储藏谷物，放在地上有圈足支撑，比较平稳，不用时则可以挂起来。

民俗学家宋兆麟先生对海南岛黎族的腰舟进行过专门的调查，他曾沿着昌化江及其支流走访了20多个村寨，凡是依江河而居的黎族人家，每户都收藏三四个腰舟。这些腰舟被挂在房檐下，有些已被两三代人使用，油光可鉴。

黎族人的腰舟，不只是过河用的简单浮具，还是运载工具。腰舟上部皆开口，口径约13厘米，外套皮盖。皮盖的制作方法很特殊，需要在腰舟做好以后，取块新鲜的水牛皮，将葫芦口包紧，用绳扎住。待水牛皮干燥后

|黎族人使用腰舟的情形|
冯立昇　摄

取下，割掉毛边，剩下的就是个倒扣的皮盖了。

渡江时，把怕湿的衣服、干粮等装在葫芦内，盖严皮盖，这样做即使遇到风吹浪打，葫芦内的衣服也不会受潮。抵达对岸后，从葫芦里取出衣服穿上，然后背着葫芦继续赶路。

从现存的腰舟实物看，腰舟主要有两种类型：一种是壶，也就是短柄大腹葫芦，如黎族人使用的葫芦，这是腰舟的主要形态，多单独使用，使用时或抱或夹；另一种是蒲卢，即细腰、亚腹葫芦，由于这种葫芦较小，需要把若干个穿在一起，拴在腰部使用，这也是"腰舟"之称的主要来历。

木筏、竹筏与皮筏

筏子是民间使用比较广泛的水上交通工具，它出现得很早，是最原始的船之一，也是由单体浮具发展而来的渡水工具。

远古时代，最初以单根树干作为浮具。为了克服单根树干在水中易于滚动，运行很不平稳的问题，人们就将多根树干并拢，然后用藤或绳系起来，最终形成了筏子。关于筏子的记载在很多文献中都有体现。《后汉书·邓训传》中提到"置于箄上以渡河"，这里提到的"箄"，就是指筏子。又如两晋时期著名文学家郭璞曾说过"木曰簰，竹曰筏"。

筏子包括木筏、苇筏、竹筏等种类。其中，木筏是

|使用单根和多根树干的情形|

以树木为材料组成的。各民族就地取材，不拘一格，比如鄂温克族以桦木扎木筏，侗族则用杉木扎长筏子，鄂伦春族用松木制作筏子。由于木筏相当沉重，人们通常现用现扎。苇筏以苇草编制而成，在北方使用较多，制作时先要把苇子捆成若干捆，以结实、均匀为佳，然后把苇捆并排扎在一起，上面再放3个苇捆，或者扎3根木棒。河北白洋淀使用的苇筏体积是相当大的。川滇之间的一些民族也以苇或玉米秸扎筏子，作为临时性渡河工具。

|竹筏|
冯立昇　摄

竹筏是由竹子组成的，《后汉书·岑彭传》中有这样的记载："公孙述遣其将任满、田戎、程汛，将数万人乘枋箄下江关。""枋箄"即竹筏，我国很多地区现今还在使用。由于南方盛产竹子，所以竹筏的使用非常广泛。特别是在南方少数民族中尤为盛行，并各具特色。

傣族的竹筏仅用五六根长竹扎成。彝族的竹筏有以藤或野麻绳把七八根竹子并连在一起的；有把若干竹竿并列在一起，于前、中、后各扎一带的；还有在若干长竹竿上，前、中、后各凿一孔，然后分别穿以竹竿的。海南岛黎族的竹筏也有三四种之多，是他们下江捕鱼、运送粮食等的重要工具。

竹筏具有制作简单、稳定性好和适应性强等优点。用火烧长竹的两端，使其向

竹筏

上翘起，然后以藤条、野麻将多根长竹编缚在一起，这样制成的竹筏划动起来阻力较小，速度很快。因而它不仅可供渔猎和承载货物，还适于在江河上漂流游乐。

竹筏一般较大，载物较多，若单纯以手足划水，力

漓江渔火

度显然是不够的，因而要借助专门的推进工具，于是出现了篙。在比较浅的水面上，多用竹子做篙，来撑动竹筏，这样就可使竹筏按照人们的意愿行驶了。由于竹子是中空的，浮力很大，吃水浅，因此竹筏的载重量非常可观，在险阻较多的河流上运输时，竹筏具有明显的优势，可替代船只更好地完成运载任务。

除了木筏、竹筏外，我国许多地区还使用皮筏作为水上交通工具。皮筏是由游渡皮囊发展而来的。游渡皮囊在历史文献中又称为"浑脱"或"浮囊"，游牧民族多将其作为游渡工具。使用者把衣物缠在头上，然后在腹部或胸前系一羊皮囊，下水后借助羊皮囊的浮力，游

到河的对岸。此外，牛皮、马皮也可作为游渡皮囊和皮筏的制作材料。《后汉书·邓训传》中提到："训乃发湟中六千人，令长史任尚将之，缝革为船，置于箄上以渡河，掩击迷唐庐落大豪，多所斩获。"较小的皮船可由一张羊皮制成，而较大的皮船则以树木为船架，外包多张牛羊皮，这就是"缝革为船"。

关于皮筏的应用，在其他文献资料中也有记录。在《后汉书·南匈奴传》的记载中有种叫"马革船"的运输工具，即马皮船。《北史·附国传》中记载："附国有水阔百余丈①，并南流，用皮为舟而济。"《新唐书·

东女国传》中也有记载："其王所居名康延川，严险四缭，有弱水南流，用牛皮为船以渡。"

皮筏是由多个浮囊绑扎在一个框架上制成的。皮筏曾流行于青海、甘肃、宁夏

| 羊皮筏 |
冯立昇 摄

_____

①丈，非法定计量单位，1 丈 = 3.3333 米。

|羊皮筏|
冯立昇　摄

等地区，目前黄河上游地区仍可见到有人使用羊皮筏。其制作方法是很讲究的，清代张九钺所著《陶园诗集·洛中行》中记载："以大羊空其腹，密缝之，浸以麻油，令水不透。"羊皮筏多用山羊皮制成，在制作羊皮囊时，制作人应掌握很高的宰剥技巧，须从羊颈部开口，将整张皮褪下来，且不能划破。脱毛后，吹气使皮囊膨胀，灌入少量清油、食盐和水，接着把头尾和四肢扎紧，放在阳光充足的地方晾晒。一段时间后，用麻绳将水曲柳木条捆成方形木框，横向绑上数根木条，再把一只只被晒得黄褐透明的羊皮囊顺次扎在木条下，皮筏子就制成了。使用时皮囊在下，木排在上。牛皮筏的制作方法与羊皮筏大体相同。皮筏既可乘人，又可载货。小的皮筏可载重2吨，大的皮筏可载重10多吨，具有自重轻、吃水浅、不怕搁浅触礁，以及操纵灵活方便等特点。

独木舟的出现

独木舟是新石器时代在交通工具方面的一项重要发明，它的出现更是渡水工具的一项重大突破。独木舟与筏相比有突出的特点和优势，比如独木舟具有水密的空间，乘舟人和所携带的货物都可避免被水淹浸；独木舟还具有干舷，即具有一定的储备浮力，使它不仅能快速适应载重量的增减，还能承受一定强度的波浪袭击。独木舟是真正意义上的船。

《易经·系辞》中有"刳木为舟"的说法。意思是上古先民将树干上不需挖掉的地方涂上湿泥巴，然后用火烧掉要挖去的部分，再用石斧砍劈，制成独木舟。在当时的条件下，制作独木舟是一项对技术要求很高的工作，需用石斧、石凿挖削，工作量相当大，有时为降低加工难度，还兼用火烧。

独木舟

1958 年，在陕西宝鸡新石器时代文化遗址中出土的舟形壶，底部呈弧形，两端尖而向外突出，腹部宽而外鼓，最重要的是侧面绘有渔网纹，这应当是模仿当时渔业用舟而制成的陶器。

浙江萧山跨湖桥遗址曾出土过新石器时代的独木舟，此独木舟出土时船头朝东北，船尾向西南，船身非常狭长，船尾有部分因砖瓦厂取土而被截掉。独木舟残长约 5.6 米，舟身最宽处约为 52 厘米，舟体深约 20 厘米，舟帮有部分被损坏，因而宽窄不一。

山东荣成郭家村遗址中出土的商周时期的独木舟，全长 3.9 米，头部、中部和尾部的宽度分别为 0.6 米、0.74 米和 0.7 米，舟体最大高度为 0.3 米。舟体平面近于梯形，纵剖面略具弧形，前翘后低，两侧舱壁外凸。这种结构可在一定程度上减

唐代竞渡龙舟
冯立昇 摄

少阻力，增大浮力，已脱离了原始独木舟的形态。

江苏武进区出土的春秋战国时期的3只独木舟，现存于中国国家博物馆中。

中国的龙舟竞渡之俗起源很早，早期竞渡活动所用的龙舟就是独木舟。唐代朝廷对竞渡活动已十分重视，据《旧唐书》记载，穆宗、敬宗均有"观竞渡"之事。扬州施桥乡夹江内曾出土过

竞渡独木龙舟，现今收藏在扬州博物馆内。该龙舟是大型独木舟，龙舟全长13.65米，宽0.65米，内深0.56米，用整根楠木刳成，反映出当时的制作技术水平已相当高。

"竞渡"活动的兴盛，对龙舟的制造和销售也起到了促进作用。据唐代文献记载，扬州每年端午节都在支江边举行"竞渡采莲龙舟之戏"，观众数万，其盛况在

唐之前不曾有过。当时，扬州制作的龙舟不仅远销各地，也作为贡品进贡朝廷。

随着经济建设的繁荣开展，我国山东、江苏、四川、浙江、福建、广东等省，曾先后出土过30余只古代独木舟遗存物，有时随同独木舟出土的还有木板船。这就证明，在木板船出现以后很长的一段时期内，部分地区仍在使用独木舟。

木板船的诞生

伴随着生产力的发展和商品交换的需要，筏与独木舟已经不能满足载重量日益增长的需求。筏的弱点不仅在于没有干舷，筏体本身也有较大的缝隙。当筏的载重量增加时，筏上的人和货物就不可避免地要受到水的浸淹。独木舟虽然不漏水而且有一定的干舷，但在水中的稳定性不好，而且独木舟的大小还要受原株树木大小的制约。因此，筏和独木舟还不是理想的水上交通运载工具。经过长期的尝试和技术不断进步，更先进的木板船诞生了。

在江苏武进万绥蒋家巷通往长江的古河道上，出土过西汉时期的古船。此船结构比较特别，船底部采用搭接方式，由3段木板组成，搭接处用4只边长5厘米的方榫固定。底部中段残长2.22米，宽度在0.58米到0.64米之间，厚度在0.12米到0.20米之间。底部两侧开有与船舷板相榫接的长方形榫孔。船舷用独木刳空而成，其外缘为原木形态，内缘因被挖凿表面不齐整，薄厚不均，内径为60厘米左右，残长4.6米。

在圆板形舷板的下边沿也开有与船底木板孔距完全相同的榫孔。两侧的舷板用木榫与船底木板相榫接。榫接的方法是一边由外向内插榫，另一边由内向外插榫，插孔呈斜面。木榫长42厘米，宽8厘米，厚度为6厘米左右。这种长木榫可以插得很深，榫帽又合缝镶嵌在木板内，不会移位，因此有很强的牢度。

古船的两舷具有独木舟的形态，然而底部又安装了1块厚重的木板，经王正书等专家研究认为，这是只典型的复合舟，可以看作是由独木舟向木板船过渡的一种形式。

出现木板船的首要和必备条件是必须有木板。在浙江余姚河姆渡新石器时代文化遗址中发现了木板遗迹和相当成熟的木构技术。但以河姆渡文化为代表的新石器时代，是否能出现木板船，有待进一步证实。

木板船的问世，标志着人类造船不再受自然界所提供的原始材料的限制，已经

木板渔船

能够根据自己的需要，对原始材料进行再加工、再创造。

目前发现最早、最简单的木板船就是1块底板和两块舷板组合而成的，叫"舢板船"或者"三板船"。这种船的两头上翘，底小面大，中部宽、两端稍窄。现今在广西一些狭窄又弯曲的河道上，还可以看到三板船的踪影。三板船的制作方法很简单，先将底板两端用火烘烤，使其向上翘起，然后两侧各安装两块木板作为船舷，最后舱缝密闭。广西三板船的3块木板使用铁钉钉合，而早期三板船可能是用搭接的方法并且用绳子捆牢的。

当然，原始三板船的性能不一定会比独木舟强多少，它还没有独木舟结实，禁不住碰撞，容易破裂，但可贵的是它开辟了造船工艺的新纪元。早期的三板船由于结构简单、制造容易，因此使用和维修十分便利，被人们长期应用着。到了明清时期，三板船仍是基本的船型之一，而且明代造船著作对其做过介绍，如李昭祥所著《龙江船厂志》中就提到过。

后来，人们在应用中不断对三板船加以改进，逐步使它完善，并且有所创新。

三板船

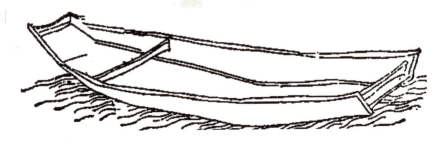

例如舢板类的船不再仅由3块木板构成，木板数量有所增加，同时为了使船体建造得更加牢固结实，还加上了横梁。就这样，各种千姿百态、性能优良的船只不断地被创造出来了。

青铜工具的出现，也促成了木板船的改进，这是造船技术发展史上新的突破。古文字（甲骨文）及文献（《诗经》），为此说法提供了依据。

从已发现的甲骨文中所见到的"舟"字，推论木板船最晚也应是殷商时代的产物，即距今3000多年以前。商代的农业比较发达，用多种谷类酿酒的技术已经形成，手工业方面能铸造出很多精美的青铜器，掌握烧制白陶的方法，这都促进了人们之间的交流，进而出现了

｜《龙江船厂志》
所载三板船图｜

规模较大的早期城市。

从甲骨文中的"舟"字，还可以看出它所表征的舟，是由纵向和横向构件组合而成的。舟字的横线，代表肋骨或舱壁等构件，它既能支撑两舷的纵向板材以加强舟体的强度，又能将舟体分隔成若干隔舱。更重要的是可以将纵向板材接长，即可用较短的木板造出更长的船只。

在商代的饕餮纹鼎上，

19

| 饕餮纹鼎上的图案 |

有一人挑着货立于船板上，一人立于船尾操桨划船的图案，不过也有学者认为这是"荡"字古写，从字形、图形看，这里的舟已非独木舟，是由数块木料组成的木板船。

从商周时期开始，有关船的记载文献不断增加，可见此时期舟的使用已经比较广泛。如《尚书·盘庚中》记载："若乘舟，汝弗济，臭厥载。"

西周时期还设有专门管理船舶的官吏，当时船舶主要用于战争及王公出行，而且木板船的使用逐渐增多。一方面，由于独木舟需巨木才能挖成，选材较难。木板船使人们在选料上有了更大的自由。另一方面，根据不同需要，制作出大小不同的船，在使用上更加灵活，这也是造船技术进步的体现。

造船技术的发展与演进

造船技术的发展与演进

春秋战国时期造船技术的进步

春秋时期的冶铁技术已有所发展，铁制工具的出现进一步推动了生产。手工业的分工更加细致，木工技术也达到了新的水平。如我国古代有名的建筑工匠——鲁班，相传他发明过很多木作工具。铁制的斧、凿、锯等木工工具的出现和使用，为传统造船技术的发展奠定了

鲁班祠

基础。

春秋战国时期，船只规模和数量都相当可观。1957年在安徽寿县曾发现战国时期楚怀王赐给宗室鄂君启金节（即水陆交通工具通行证），水节上的节文记有"屯三舟为一舿，五十舿……"的错金铭文。意思是：集3只船为一批，以五十批为限，可在规定水域内合法通行。节上还注明"见其金节则毋政（征），毋舍桴（逊）食（同饲）；不见其金节则政。"意指持此节可免税放行，并可享受食宿优待。

河北省文物管理处在平山三汲乡发现了战国时期的古城遗址，即中山国的都城灵寿。古城内外共有战国墓30余座。有1座墓出土的器物极丰，经考古学家考定，

此为中山王之墓，埋葬时期在公元前310年前后。中山王墓有若干陪葬及附葬坑，其葬船坑内有数只船，十分罕见，应当是中山王生前御用的。葬船坑总长136米，分为南室、北室和北沟道。葬船坑在整座墓中占重要位置，足见此时期统治阶层对船的重视程度之高。

南室并列放置着3艘木船（分别以中、东、西为名），船首都向南摆放。西船的灰痕漆迹较为完整，以西船为主，兼用中船、东船的遗迹作为补充，经过修复，终于获得了中山王御用船只的完整复原形象。

经复原研究，其船身总长13.1米，最大宽度2.3米，最大深度0.76米。假设吃水为0.6米，则排水量约为

13.28 吨。从复原图可以看出，木船的尺度比例协调，具有相当理想的流线型，且横剖线匀称，水线流畅飘逸。当时能设计、建造如此完美的船型，确实令人惊叹。

在 3 艘木船上还发现很多铁箍，西船 31 个，中船 32 个，东船 8 个。铁箍由宽 20 毫米，厚约 3 毫米的长铁片绕制而成。铁片虽未经金相分析，但肉眼观察几乎与现代锻打的熟铁无异，可见当时的冶铁技术已经相当进步。在葬船坑中未经扰动的部位，铁箍仍然屹立。从船的底部和侧壁的灰痕漆迹可以看到，船首处的船板稍窄，宽度约 300 毫米，其他部位船板的宽度为 400 毫米左右。

船板的连接方法是先在相邻两列船板上，分别在距船板边接缝约 40 毫米处凿孔，然后用铁片从船板的穿孔处来回绕扎 3 道或 4 道，接着用木片填塞空隙，再注入铅液封固，这种连拼方式极其牢固可靠。

战国时期船舶制造与水运都很发达，如《吴越春秋》中记述吴国水师大小战例 20 余起。吴国除了大翼、中翼和小翼三种类型的战船外，还有楼船、突冒船、桥船等。又如前面提到安徽寿县出土的鄂君启金节，所铸铭文规定了船只数目，划定了通航路线。

1965 年，在成都百花潭中学发现的战国墓中，曾挖掘出 1 个带有水战图像的战国铜壶。从图像中的战船可以确定，战国时期的战船已较为完备，船身修长，首尾起翘，分上下两层。战士在上层，配备短剑、长戟、长矛、弓等，桨手在下层。战船无风帆，无尾舵，靠人力划桨，推动船前进，同时还要控制航向。

秦汉至魏晋时期造船技术的重大进展

秦汉时期的造船技术有了很大发展，不仅船只类型多，而且规模大。相传徐福受秦始皇之命，率数千童男童女东渡扶桑，其航海规模之大，时间之久，均是前所未有的。由此可推断，当时的船应当具有风帆，否则很难远航。汉武帝时，中国船队曾远涉重洋，直达斯里兰卡。当时为了满足航海需要，人们对船不断进行改造，进而发明了很多船用构件，比如橹。到东汉时期，风帆及

| 秦始皇像

尾舵也得到广泛应用。此外，造船工艺方面已用铁钉代替竹木钉，并用桐油、石灰填缝，船的强度和密封性都大大提高。

在长沙、广州、江陵等地发现的古墓先后出土了汉代舟船模型，这为我们了解汉代舟船的结构提供了弥足珍贵的资料。如湖南长沙西汉墓中出土的木船模型，船身由整木雕成，属于内河快速船型。其两侧有较高的护舷板，左右共设16只桨，为船提供航行动力，尾部也有1只桨，可用它操纵航向。此船的船形细长，头部狭窄，尾部稍宽，中部最宽，船底呈圆弧形。此外，在船身两侧和首尾平板上都有模拟的钉孔。此船模型现存于中国国家博物馆。

广州西郊西汉木椁墓出土过木质船模型，也是用整木雕成的。此船模型全长0.806米，通高0.206米。

船底中部略平，首尾部分略上翘，中部还有小房，前房较高呈方形，屋顶为四坡式，后房低且较长，屋顶是两坡式。房的两侧是用长板条制成的通道，贯通船的首尾。船的前部有4个木俑，手拿短桨，并坐两排；尾部有1个持桨木俑，掌控船的行进方向。

东汉时期，刘熙所撰《释名》是一部专门解释名词的

著作，其中第二十五章为《释船》，针对造船技术的诸多问题加以解释，也给船的性质和船的作用定了名，作了诠释。除遗漏"碇"这种系泊工具之外，对桅、帆、桨、篙、橹，甚至拉船的纤绳等各种属具，从作用、形状、操作部位等方面，做了解释和说明。《释名》对汉代船只的甲板、舱底结构，以及上层建筑的飞庐、爵室等船

| 志愿者泛舟巡查 |

体结构也做了说明。

　　《释船》这一章虽然还算不上是完备的造船技术著作，但已把当时中国的造船成就和达到的技艺水平记录了下来。不仅在中国，即使从全世界范围来看，这也是难能可贵的。特别值得指出的是，《释船》中对船尾舵的作用、安装与操作均予以明确说明。

　　舵是操纵和控制船航向的工具，是世界造船史上的重大发明。文物和文献资料都证明，世界上最早的舵出现于中国的汉代。1955年，广州东汉墓出土的陶制船模型是一只中型内河客货船，其船尾就有舵，这是目前所见最早的古舵形象。另外，据《广州西汉南越王墓》一书记载，1983年，在广州发现的西汉初年大型石室墓中出土的铜质提桶上带有船纹，上面显示船尾部带有操纵航向的拖舵。

将众多出土的船模型进行对比，再结合文献分析，可以发现汉代船只及造船工艺的一些特征。《释名》中提到："其上板曰覆，言所覆虑也；其上屋曰庐，像庐舍也。"这印证了汉代船模型上都设有甲板和上层建筑的说法。船模型在两舷都设有"瞰板"，现代造船术语中称为"舷伸甲板"，可用作通道。沿着瞰板边缘绑缚成捆的蒲草或树枝，当船舶超载时可提供一部分浮力，而船只横向倾斜时，又能增加稳定性，减缓摇摆力度。

秦汉时期，我国造船技术显著提高，船只类型多、规模大、行船动力足，甚至船只的属具也基本完备。操

《清明上河图》中的船舵

纵装置有舵，推进装置有桨、橹和帆，系泊装置有锚和缆。汉代时上述装置已基本具备，为后世船舶技术的进一步发展奠定了基础。

魏晋南北朝时期，造船技术的重大突破是发明了水密舱壁。《宋书·武帝纪》在记述刘裕镇压卢循水军时，曾说卢循"别有八槽舰九枚，起四层，高十二丈。"卢循是晋代起义军领袖之一，他所造的八槽舰，特点是利用水密舱壁将船体分隔成多个船舱，即使某个船舱进水，仍可保证船不沉没。水密舱壁是中国的一项重要发明创造，在世界造船史上占有重要地位。

南北朝时期，还出现了"车船"，它是由船侧的桨轮驱动，而不是依靠桨和帆，船工可以隐蔽在舱内操作桨轮。《南齐书》中关于祖冲之的记载中提到："又造千里船，于新亭江试之。日行百余里①"。由此推断，若不是由桨轮驱动，是很难达到这种速度的。因此，"千里船"可能就是最早的车船。

隋唐宋元时期造船技术的成熟

隋唐宋元时期是中国社会经济大发展时期，也是中国造船技术发展的高峰时期。船只种类齐全，制造工艺精良，在国内及海外运输方面都起到了重大的作用。

①里，非法定计量单位，1 里 = 0.5 千米。

值得注意的是，这个时期的主要造船基地多与盛产丝绸、瓷器的地区相结合。造船与丝、瓷生产相互促进发展，三者相得益彰。指南针在宋代用于航海，更使得中国的航海与造船业形成了超越前代的繁盛局面。

隋代造船技术已有许多新的进展。隋开皇八年，杨素以五牙战舰，在长江上与陈朝守军展开激战。五牙战舰有五层船舱，动力以划桨为主，配合两把大尾橹，在急流中，桨、橹和舵三者并用。第五层甲板之上建有小型阁楼，供瞭望、指挥之用。南北大运河的扩展和开凿，既推动了隋代漕运的发展，也促进了造船业的繁荣。隋炀帝为了巡游江都，曾建造龙舟及游船数万艘。

1975 年，在山东平度出土了隋代的双体船，该船的形制是将两艘类似独木舟的船用木板并排连接起来，提高了航行的稳定性。

唐代在造船技术方面有很大的进步。沙船为我国古代四大航海船型之首，据考证，沙船始造于唐代的崇明岛。沙船船底平坦，方首方尾，具有宽、大、扁、浅等特征。沙船的优点是：船身宽大，横摇角度小；首尾俱方，增强了抗纵摇的阻力；船身扁浅，使重心降低；上层舱房少，使受风面积减小，不易倾覆；船舷两侧装有披水板、梗水木、太平篮等安全设备，稳定性居诸多船型之首。

古代唯有沙船可在七级大风下照常行驶。另外，它吃水浅，航速较快，驾驶起来轻便灵活，不易搁浅，适宜在浅滩行驶。在我国沿海的浅海水域，特别是在江浙一带，沙船被广为使用。沙船的船体宽大，为了充分利用风力，可多置桅帆。这样做不但顺风可航行，逆风顶水也能航行。正因为沙船具有上述优点，很快便被官方和民间广泛采用，不仅用作各式客、货民用船，还被充作战船。

唐代远洋船舶，大的长达60多米，可承载六七百人。在波斯湾内航行时，只能泊于阿拉伯河下游，如果再向西航行至幼发拉底河河口，须换小船转运货物。

唐代内河航运在国计民生中占重要地位。如《旧唐书》中有"今国用渐广，漕运数倍于前"的说法。广德二年，刘晏任河南、江淮转运使，疏浚汴水，他参考黄河的急流速度，建造了能安

桅杆船

南京博物院

全行驶在三门峡的"上门填阙船"。除了黄河上著名的"上门填阙船"以及在黄河与长江之间适宜于汴河和通济渠的江船之外，还有航行于长江上的大型船舶。《唐国史补》记载："江湖语云'水不载万'，言大船不过八九千石。然则大历、贞元间，有俞大娘航船最大，居者养生、送葬、嫁娶悉在其间；开巷为圃，操驾之工数百，南至江西，北至淮南，岁一往来，其利甚博，此则不啻载万也。"

从出土的唐代木船可看出，当时造船技术很先进。如1973年在江苏如皋发现的唐代木船，虽然船首部分损坏，船尾残缺，一部分船舷和船底木质腐朽，但船身和船底以及舱壁板大部分完好，木纹和结构均清晰可见。

南京博物院对该木船进行了发掘整理与复原研究，由发掘报告可知，其船身残长 17.32 米，复原后约 18 米，船宽 2.58 米，船深 1.6 米。船体细长，用 3 块木料榫合而成，首部和尾部较狭窄，船底横断面呈圆弧形。船舷木板厚 40~70 毫米，船底木板厚 80~120 毫米。自船首至尾部共分为 9 个舱，在第 2 个舱的后舱壁处尚存的残桅，残长 1 米，还有块带桅孔的盖板。据估算，该船排水量约 33 吨，载重量可达 25 吨。该船船型瘦长，船板又不厚重，应当是宜于在江河中行驶的快速运输船。

唐代我国的造船技术又有了新的突破，还是以江苏如皋发现的唐代木船为例：首先是水密舱壁技术，该船分成 9 个船舱，两舱之间设水密舱壁。这种分成多舱的船型有两大优点：一是若因触礁或碰撞致使某舱有破洞而渗水，也不会波及邻舱，

《清明上河图》中的客船

可保证全船的安全；二是由众多舱壁支撑船底、船舷和甲板，可增加船的局部强度，使全船具有整体刚性。

这艘木船除船底部用整木榫接外，不但它的两舷共用7块长木料上下叠合，以铁钉成排钉合而成，其船舱及底部也以铁钉钉成人字缝，并充填桐油、石灰。这种舱缝技术相当先进，将石灰和桐油调和，能促进桐油的聚合，并能生成桐油酸钙，有很好的填充、隔水作用。后来为了增加附着性、防止开裂和提高团块的机械强度，人们还将麻丝或麻制旧品（如旧渔网）复捣后，掺在桐油、石灰捻料中，迄今为止这仍是木船舱缝时的充填材料精品。

1999年以来，在隋唐大运河沿岸的淮北柳孜遗址考古发掘中，发现了一批沉船，

高大的杉树

共8艘。除了两只独木舟外，其余均为木板平底货船。货船船体修长窄狭，平头方艄，通体架设空梁，未安装船帆，主要靠背纤提供动力。有的货船只设桅杆，船的操作仅靠尾部的拖舵。这些船都采用榫钉钉合，以及添加桐油、石灰的舱缝技术，使得船板缝线处十分密实。这批沉船船体结构严密、制作精良，反映了当时运河漕船的造船工艺水平。

到了宋代，以造船技术的进步为基础，海上交通有了更大的发展。当时的丝绸、陶瓷贸易主要依靠海上航运。此外，神舟和客舟的出现更是宋代造船技术的突出成就。宋徽宗在宣和四年派遣路允迪及傅墨卿出使高丽时，出使队伍中就有"以二

泉州湾宋代海船复原模型｜冯立昇 摄

神舟、六客舟兼行"的大型豪华船队。徐兢所著《宣和奉使高丽图经》中记有："其所以加惠丽人，实推广熙丰之绩。爰自崇宁以迄于今，荐使绥抚，恩隆礼厚。仍诏有司更造二舟，大其制而增

其名：一曰鼎新利涉怀远康济神舟；二曰循流安逸通济神舟。巍如山岳，浮动波上。"同行的6艘客舟也"略如神舟，具体而微。其长十余丈，深三丈，阔二丈五尺①，可载二千斛粟。其制皆以全木巨枋，挽叠而成。上平如衡，下侧如刃，贵其可以破浪而行也。"

北宋时期建都于开封，南北漕运占相当重要的地位，因而在船舶种类中漕运船也被称为纲船。此外，还有座船（客舟）、战船、马船（运兵船）等种类。

1974年，泉州后渚港出土的宋代海船，船壳为多重板构造，设有12道水密舱壁，隔成13个舱，以绞车轴起舵。舱壁板厚约100毫米，多为杉木，为了提高耐腐蚀性，最外侧的壁板采用樟木打造。

由此船可看出，宋代水密舱壁技术已臻于成熟。水密舱良好的抗沉性能享誉中外，西方直至18世纪才开始使用。由于舱与舱之间严密隔开，航行时即使有一两个舱区破损进水，船的整体仍然可保持一定的浮力，即使进水较多，只要抛弃货物，减轻载重量，也不至于沉没。

古代泉州素以发达的造船业著称，目前泉州深沪镇仍保留传统木帆船建造技术。例如"太平公主号"，从船型设计、选料、工艺到装饰以及建造过程中的种种仪式

①尺，非法定计量单位，1尺＝0.3333米。

都遵循传统。该船有 14 道隔舱板，将船分为 15 个舱，隔舱板下方靠近龙骨处设有两个过水眼，板与板间的缝隙用桐油、石灰加麻绳密封。

元代，造船业大兴。元代突出且重要的船种是漕船，可分为海运漕船和运河漕船两种。海运漕船又细分为钻风船和遮洋船两种，钻风船可载货四百余石[①]，遮洋船可载货八百石或一千石。海运漕船比运河漕船略大，舵杆由铁梨木制作而成，坚固可靠。运河漕船的船体窄长，长宽比值约为 7.6。

1976 年，在河北南开河村，出土了 6 艘元代内河船。船首都朝向东北，船上装载着当地盛产的瓷器，有艘古船的船尾两舷上，还留有"彰德分省粮船"字样的印章痕迹。

1976 年，在韩国发现的中国元代航海货船，属于尖头船，其龙骨呈曲线形，嵌接处置有铜镜和铜钱，是福建造船业传统民俗七星伴月的象征。此船设 7 道舱壁，且与外板交接处设肋骨，每个舱壁的最低点附近都有方孔，便于洗舱时排除积水。外板为鱼鳞式构造，并用舌形榫头与舱壁连接。

除水密舱的隔舱板上设有水眼外，在一些内河船和海船首部或尾部的船壳上也能看到这种水眼。这样做可使船灵活地控制进出水量，保证航行中的稳定性。有的

①石，非法定计量单位，1 石 = 100 升。

| 蓬莱阁 |

船还在舱壁板的横向板列间开有凹凸槽，比如新安船，这可避免舱壁板列的相对错位，从而增加舱壁的整体刚性。迄今为止在已发掘的宋代船舶中尚未见到此种较为先进的结构。

1984年，在蓬莱水城发现3艘古代沉船，经考证为元代时建造，使用年代不晚于明洪武九年。考古人员经过对其中较完整的那艘古船进行清理、发掘和鉴定，得知这是一艘海防战船。该船残长约28.6米，残宽约5.6米，残深约0.9米。其龙骨由两段方木以钩子同口加凸凹榫连接，全船被锥属木制成的舱壁隔成14个舱，外板用杉木制成，列板边接缝采用平口对接方式，并用穿心钉、铲钉钉连壳板。这种精细的结构有利于保证水密性和保持船体的整体刚性，在技术上较现今已出土的宋代船更为先进。

明清时期造船技术的稳定发展

由于宋元时期造船业的繁荣发展，明代的海上交通事业有了坚实的基础。如明初沿海的远距离航行，就得益于当时性能良好的海船和较高的航海技术。在这样的时代背景下，出现了举世瞩目的郑和下西洋的航海壮举。

明初以金陵为京师，输往南京的漕粮，主要采用江运与河运的方式。例如洪武前期，辽东战事频繁，南粮北运工程就是由苏州太仓刘家港起航实行海运的。永乐年间，明成祖令陈瑄等率舟师海运粮饷，分别输往辽东和北京。其他大宗货物的水运，如景德镇的瓷器就是采用此方式销往世界各地的。

现今已发掘的明代古船两艘：一是山东梁山河船，一是浙江象山海船。从这两艘明代古船的实例入手，更能对明代的造船技术水平有深入地了解。

1956年4月，山东梁山贾庄村的农民在村西宋金河支流挖藕时，发现了1艘木船。该船的底板、舷板、舱

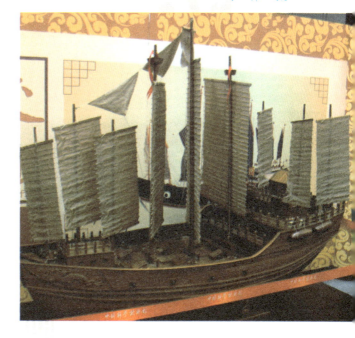

｜中国科学技术馆展出的郑和宝船复原模型｜
冯立昇　摄

壁板、甲板等构件基本完整。这艘木船船体制造材料为松木，据学者测绘及研究，船底以9列木板构成，中间3列作为龙骨板，龙骨板在第5号、第9号和第11号船舱内有接头，当然接头是相互错开的。另外，船底左右还各有3列底板，厚约80毫米。

全船设12道舱壁，壁板厚约65毫米，其中最大的是第8号舱壁。最低一列舱壁板，在龙骨板与平底板交接处，借助板厚之差左右开两个流水孔。舱内曾发现许多长约0.8米的弧形木条，经现场试合，这些曲度不尽相同的木条与不同舱壁的舭部型线配合得恰到好处，由此可推断这些木条是用于固定舱壁的短肋骨。船身板列的边接处，采用平行拼接方式，

|中国漕运博物馆|

当铲钉的钉帽深入相当深度后再用桐油、石灰填实。此外，舱壁板列之间也采用同样的连接工艺。

1994 年，浙江宁波平岩头砖瓦厂取土时发现了 1 艘古代海船，木船残长约 23.7 米，残宽约 4.9 米。龙骨线轻微向上弯曲，挠度约为 0.1 米。此船龙骨的断面尺寸虽不突出，但仍较其他外板的尺寸大。在第 1 号至第 3 号舱壁处和第 9 号至第 11 号舱壁处各有长度为 3.25 米和 4.1 米的补强材，该补强材为杉木。

全船由 12 道舱壁将船体分成 13 个船舱。舱壁板采用若干块樟木板制成，厚约 10 厘米。舱壁与船体外板交界处都置有抱梁肋骨，并用铁钉固定。舱壁与抱梁肋骨

《天工开物》中的漕舫图

《龙江船厂志》所载明代海船图

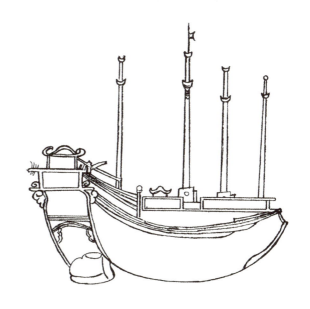

在靠近船底处还开有两个流水孔，作用是排出舱内积水。当用木塞堵上流水孔后，又可使舱壁保证水密。

船板（包括龙骨板、底板与舷板）用材均为杉木，质地坚硬。底板厚度可达 16 厘米，舷板厚约 14 厘米。板列的宽度在 8 厘米至 20 厘米之间，船中部最宽，向首尾逐渐变窄。船板的横向连接采用平接式，残存板列在最宽处保留有 34 列之多。船板的纵向采用平面同口法连接。各板缝处均用麻丝、桐油、石灰等填补，水密性非常好。船板之间还用铁钉钉合，有钉眼处均用桐油、石灰等舱缝封盖。

明代的造船业非常发达，沙船、福船和广船三大传统船型均已成熟定型。沙船是发源于长江口及崇明一带的方头方梢平底的吃水浅船型，

清江画廊

｜龙江造船厂
遗址外景｜
冯立昇 摄

多桅多帆，长与宽之比较大。因船底平整不怕搁浅，有"稍搁无碍"的效果。福船是福建、浙江沿海一带尖底海船的统称，它包含的船型和用途相当广泛。广船的船型特点是首尖体长，上宽下窄，吃水较深，梁拱小，甲板脊弧不高，远航性能较好，续航力较大。广船因始创于广东而得名，是我国明代南海地区普遍采用的船型。

明初设有三大船厂，即龙江造船厂、清江造船厂和清河造船厂，制造各种战船、海船和漕运船。龙江造船厂创建于洪武初年，在南京长江边上，属于大型战船建造厂，最初有400多名工匠。永乐年间，因郑和下西洋所乘宝船的一部分在该厂建造，所以该厂也被称为"宝船厂"。清江造船厂创建于永乐七年，在江苏淮阴与淮

|龙江造船厂遗址
出土的大舵杆|
冯立昇　摄

安之间，规模较大，设有京卫、中都、江北直隶、卫河4个总厂，管辖82个分厂，有3000多名工匠，每年可造战船500余艘。清河造船厂创建于永乐七年，在今山东临清区域内的清河（又称卫河），主要建造遮阳船及适用于山东和北方的浅水船，专供内河漕运。江苏扬州、浙江宁波等地的造船业也十分发达。福建、广东都是造船中心，分别是福船和广船的制作基地。明代江南民间用船，多在沿海或者沿江的地方制造。明末太仓、崇明、常熟、江阴、通州、泰州等地的大户多自造双桅沙船，小户则数家合伙建造。

最能反映明代造船技术和工艺水平的实例是郑和宝船。据《明史·郑和传》记载，明成祖朱棣因"疑惠帝亡海外，欲踪迹之，且欲耀兵异域，示中国富强，永乐三年，命郑和等通使西洋。将士卒二万七千八百余人，多赍金币、造大舶，修四十四丈，广十八丈者六十二。"这应当是郑和船队中最大尺度的宝船。这艘宝船的尺度在更早的一些明代文献中也有记载。但有部分造船学者对此尺度持怀疑态度，也有不少造船史专家认为《明史》等历史文献记载可信。2004年，南京博物院对龙江造船厂遗址进行考古发掘，发现舵杆、石臼、大型绞关木、造船工具等文物2000余件。其中出土的大舵杆长达11米。以此舵杆操控的船无疑是大型海船，但当时是否能够建造长达44丈的万吨级巨型木船，仍是个有待进一步证实的疑问。

明初大型海船的建造并没有持续太长时间。由于明成祖"禁民间海船，原有海船者，悉改为平头船"，其

清初的各种船舶

| 渔船 |

后的皇帝也实施海禁，限制大型船舶的制造和造船业的发展。嘉靖年间，李昭祥所撰《龙江船厂志》中载有海船图，但注明"已废，尺度无考"。从《龙江船厂志》的记载可知，尽管该厂已不制造海船，但仍生产各类战船及其他官用船只。书中载有该厂全貌的"厂图"，可以看出龙江船厂颇具规模。此外，该书对明代主要船舶的结构、造船所需物料、人工核算、船厂组织、管理等方面均有介绍。

清代建立以后，海禁政策时松时紧，其中大部分时间呈开海的状态，一度使中国的海外贸易较之明代有所复苏和发展。清初海船的制造也有了新的起色，而且民间造船业发展成为主流。但整体上中国海洋帆船性能在所谓的"开海"时期内竟然没有提高。而中国沿海和内河木帆船业，自 1685 年颁布《展海令》后，逐步走向繁荣。

清代由于适合造船的木材紧缺，船价上涨，致使中国人在东南亚从事大规模的造船活动。在海外造船，油、麻、砺灰、钉铁等物料可从国内运去，工匠由中国船员和侨居海外的船匠充任。所造船舶多为福船船型，价格为国内的 40% ~ 60%。明末清初时期，中国与日本之间的货物运输，由中国商船担任，日方称之为唐船。始发港是山东、南京等地的港口，终点是日本的长崎港。

内河方面，长江航运在雍正到乾隆年间，曾盛极一时，黔铅、川茶、川丝等都有很大运量，木材运输也占

《姑苏繁华图》中的胥门码头

相当大的份额，泊于造船重镇九江的船型达50多种。大运河漕运一如明制，每年修造数百艘漕船，船型为两节头，用铁铰链连在一起，可灵活地连接或脱开。

徐扬绘制的《姑苏繁华图》，描绘了苏州城繁荣的工商业和市井生活场面，特别是运河上的数百艘船只，种类繁多，充分反映了江南造船业的兴盛和造船工艺的发达。

18世纪60年代后，中国传统帆船在东南亚海上贸易市场中遭到西方夹板帆船的挑战，所占份额迅速降低。在与西方列强坚船利炮的对抗中，最终败下阵来。晚清的洋务运动，揭开了中国近代造船业的序幕。

由于西方近代造船技术的引进，传统造船业受到了很大冲击，但在水路交通运输和渔业生产方面，晚清以来传统船舶仍然发挥着作用。

船舶属具的演进

| 船舶属具的演进 |

桨、篙、纤、橹等推进工具

桨，早在新石器时期就出现了。浙江余姚河姆渡新石器时代文化遗址中出土的古木桨是7000多年前所使用的。篙，是在浅水区或沿岸边航行时，用来撑岸边、河底从而推动船前进的工具，其出现和实际使用的年代应当是很久远的，尚缺乏确切的考证。不过在汉代的文献中讲到了篙，而且做了说明。橹，是相当先进和科学的船舶属具，由于在汉代的文献中首次作了记载和说明，因此人们认为它是在汉代被发明创造的。舵，作为操纵和

| 晨曦中的渔民 |

控制船舶航向的属具，迄今已推广到全世界。据目前已知的考古及文献资料记载，舵首次出现在汉代。

桨

桨，是最原始的船舶推进工具之一，其产生时间应当在舟的产生之后。有人认为最早的桨是人的两只手。因为最初，人们是抱着1根原木或乘坐独木舟渡河，为使舟漂流的速度快一些，人们便用两只手划水。

浙江余姚河姆渡新石器时代文化遗址出土了6把木桨。其中，保存较好的1把残长63厘米，宽12.2厘米，厚2.1厘米。此木桨造型匀称，做工精细，桨柄与桨叶连接处还刻有花纹，这都说明那时的人们在水上活动中已经积累了一定的经验，除

了使用功能方面，也开始重视外观了。

我国早期对桨进行过详细论述的著作，首推东汉时期刘熙所著《释名》，其中提到："桨，由桨叶和桨柄两部分构成。桨叶为扁板，桨柄多为圆杆。划桨分有立姿和坐姿。"

已出土的长沙西汉木船模型上有16把桨，桨柄伸进舷板上的圆孔，这个圆孔实际上是作为桨的支点而设计的，行船时桨手要站立着划桨。广州东汉陶船模型的船首左右也各有3个支撑桨的支架，以此构成支点。桨较长，力矩大，有了这个支点，桨手划动时按照杠杆原理便可以用较小的力量获得较大的推船动力。广州西汉木船模型和湖北江陵西汉木

船模型展现的都是由 4 个木俑各持一把短桨，并且在船凳上以坐姿划桨。

篙

《太平御览》中记载："立则用长桡，坐则用短桡，水浅乃用篙。"篙，由长竹竿或长木杆构成。为了避免篙头磨损或破裂，人们常在篙的下端安装铁箍，有的还安装铁尖儿和铁钩。篙的制作简单，使用十分方便，适用于浅水河道和近岸航行的船只。利用篙撑水底或岸边，按照力的作用与反作用原理，可使作为浮体的船向力的相反方向前进。每艘船通常由两个人分持两支篙轮流撑。一人将篙撑在水底或岸边，然后由船首走向船尾，这时船则向撑篙人行走的相反方向前进。另一人则持空篙由船尾返回船首。如此反复操作，船将一直保持前进状态。前面介绍的 4 只汉代船模型，在其两舷都装有瞰

撑篙泛舟

板，这正是为撑篙的需要而设计的，用作撑篙人行走的通道。

纤

纤，是用来牵引船前进的工具，也称纤索。通常用竹篾编成，既有较大的强度，又不怕湿，还耐腐蚀。汉代将纤索又称为"笮"。笮字带有竹字头，说明这时的纤索是用竹篾编制的。《释名》中记有："引舟者曰笮。笮，作也，起舟使动作也。"引

舟前进时，纤索系在何处，未见明确记载。现今见到的纤索常系在桅的顶端，这样呈悬挂状态的纤索不至于被水浸湿，也避免纤索对水产生额外的阻力。更为重要的是，系于桅顶的"纤索"和"桅"都具有一定弹性，使拉纤的力具有脉冲性，保证舟船平稳前进。

张择端所著《清明上河图》中就绘有纤索系于桅顶的舟船以及多人拉纤的生动画面。大型客船或货船上的纤桅，一般采用可倒式的人字形纤桅，穿越桥洞时可将纤桅放倒。纤桅由下端两根分开呈人字形的桅木和上端1根竖直的桅木绑扎而成。人字形的桅木底部榫接在顶棚以上的圆木轴上，圆木轴由两舷各一组板材支架支

《清明上河图》中的人字形纤桅

56

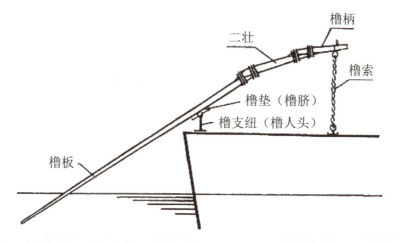

二壮
橹柄
橹索
橹垫（橹脐）
橹支纽（橹人头）
橹板

撑。圆木轴可在支架轴承上转动，便于纤椗倒立。

橹

橹，是船舶推进工具中带有突破性的重大发明。《释名》中提到："在旁曰橹，橹，膂也，用膂力然后舟行也。""在旁"，指橹的安装与操作位置。"膂"，指脊梁骨，用膂力则意味着以腰部为主，带动全身的力气推动舟船前进。由这段文字描述可推断橹的出现至少是在汉代。

用桨时要"划"，用橹时却要"摇"。船舶推进工具的使用，划桨比撑篙更有优越性，因为划桨可以在远离岸边的深水区域中进行。划桨，是靠水的反作用力推船前进的。但桨叶每次入水做功后，就要离开水面为下次做功作准备，属于间歇做功，这对船来说，就是间歇性推进。而橹则可以左右连续不断地摇，形成不间歇地连续做功，进而对船产生连续推动力，所以说橹的出现

|《姑苏繁华图》中众人摇橹的场面|

为船的推进工具带来了根本性的改革。现代广为应用的螺旋桨推进器，其不间歇做旋转运动的叶片，实际上也与在水中滑动的橹板相似。螺旋桨的发明和改进，虽不能说源于橹，但其作用原理是一致的。

橹与桨相比较有更高的效率，这是它的另一大优点。因为橹与长桨虽然都较长，且必须有个支点，但在使用上显著不同。桨是横向布置，前后划动，利用划水产生的反作用力推船前进。橹是纵向布置，左右摇动橹柄，橹板则在水中以较小的攻角左右滑动。虽然攻角较小，滑动时也很省力，但却能产生较大的升力推船前进，这也是橹被称为高效推进器的根本原因。

帆

帆与桨、篙和橹一样，都可被称为船舶推进器。所不同的是，帆是利用自然界的风作为动力，不再受人力的局限。帆的使用既提高了船舶的航速，也扩大了航区，为造船技术的进一步发展奠定了基础，也是船舶发展史上重要的里程碑。帆在船上的应用，为船舶的大型化和远洋航行开辟了广阔的前景。

中国船舶风帆出现的年代，迄今虽尚无定论，但很多人推断殷商时代就出现了帆，他们认为甲骨文中的"凡"字即为帆。

据《释名》记载，"随风张幔曰帆，帆，泛也，使

芦苇中的木船

舟疾泛泛然也"。《释名》的作者刘熙，其生卒年不详，据清代学者毕沅考证，刘熙大约是东汉末年或三国魏时人，因而东汉末年可能是帆出现的最晚年代。

桅，最早的用途是悬挂旗帜。战国铜鉴上绘制的船纹，其前方就竖立着一面旗帜。《释名》记有："其前立柱曰桅，桅，巍也。巍，高貌也。"这里虽然未对桅的作用和用途加以诠释，但与战国时期战船的型制相对照来看，主要也是用作悬挂旗帜。

桅的用途，除了挂旗帜之外，也用作挂灯号。自帆应用到船上之后，桅就有了新的作用，那就是张帆。无论帆的形式如何，它总是与桅相联系的。中国的帆因有

船尾舵与其相配合，最晚从汉代起，已经有相当成熟的驶帆技术，这一成就使中国的帆船跨越海洋，走向全世界。《南州异物志》中关于汉代船帆的记载为我们提供了宝贵的文献资料，此书为三国东吴太守万震所撰，原书虽已失传，但所记关于从广州出发的海舟等内容，因被收入《太平御览》而得以保存。

《南州异物志》中关于帆的构造和使用有这样的记载："外徼人随舟大小，或作四帆，前后沓载之。有卢头木叶，如牖形，长丈余，织以为帆。其四帆不正，前向皆使邪移相聚，以取风吹。风后者激而相射，亦并得风力，若急则随意增减之。邪张相取风气，而无高危之虑，

故行不避迅风激波，所以能疾。"从这段叙述中我们可以得知：第一，在汉代由于船长而载重量大，已经开始使用多桅多帆。第二，帆为卢头木叶所织成，迄今虽不能确定卢头木为何种植物，但从后世使用的由蒲叶和篾片织成的帆来看，用卢头木叶织成的帆应当属于硬帆。

第三，用植物叶织成的帆，可利用侧向风力，"其四帆不正"就说明了这一点。第四，汉代人们已经注意到多帆的相互影响，要随时调节帆的位置和帆角，更要根据风力的大小调节帆的面积。

多桅多帆是一项重大进步。随着船的长度增加，采用多桅多帆，既可获得大推

《姑苏繁华图》中众人扬帆的场面

进力和高航速，又可使船体受力较为均匀，提高船体的受力强度。同时还要注重桅的高度，以确保船的稳定与安全。

用植物叶编织的帆，硬且重，虽升帆时较为费力，但在遇到暴风骤雨时可迅速解缆降帆，以确保船的安全。在急风时可将帆上升至桅的中段，这样做可"随意增减"帆的面积，保证船只顺利航行。用植物叶编织的硬帆，最大的优点和特点是可以利用侧风。自然界里"风有八面"，除正逆风之外，硬帆皆可利用。由侧向吹往硬帆的风，按空气动力学原理，可获得较大的升力，因而硬帆还有较高的帆效。

帆，作为推进工具，在宋代又有所改进。在徐兢所著《宣和奉使高丽图经》中记载："大樯高十丈，头樯高八丈。风正则张布帆五十幅，稍偏则用利篷，左右翼张，以便风势。大樯之巅，更加小帆十幅，谓之'野狐帆'，风息则用之。然风有八面，唯当头不可行。""利篷"即用竹篾等编织的硬帆。这里说的是硬帆与软（布）帆同时使用，硬帆之上又加野狐帆，在风正时使用，从而增加船速。船帆如此考究而记述也较为详尽，这应当是出使高丽的副使徐兢的亲身经历，言之确凿。

侧向风在对船产生推进力的同时，还产生横漂力，使船横移。由于此横漂力作用在船舶重心之前，使得船向右旋转。为保持既定的航向，应将舵向左旋转一定角度，在舵力的作用下，船也将向左旋转。随着风力大小和方向的变化，适当改变帆角和舵角是十分必要的。"看风使舵"这一航海术语，在中国家喻户晓，透露了舵必须与风帆相配合的信息。两者相得益彰，有力地推动了中国的航海业，也对世界的航海业作出了积极贡献。

舵

舵，是操纵和控制航向的属具。在浅水区域或沿岸边航行的船舶，可以用篙作为推进工具，通过改变篙的撑持方向，进而改变和控制船的航向。当在深水区航行时，船舶常靠桨作为推进工具，大船常配备多桨，由众多桨手共同划船，此情况下，如果只想使船舶前进还是有效的，但是既要推进又要顾及控制航向就相当困难了。一桨两用已不可能，于是人们让众多桨手以桨作为推进工具，只留下一人专门操纵航向。负责操纵航向的桨手常位于船的尾端，这样既与其他桨手互不干扰，又有利于改变船的航向。长沙、广州和湖北江陵出土的 3 只汉代船模型，共同点是在船尾都设有桨手，其作用就是控制和操纵船的航行方向。设于船尾部的桨通常被称为操纵桨。

长沙出土的汉代木船模型全长 1.54 米，两舷共有 16 把长桨，每把长 0.52 米，约等于船长的三分之一。船尾有只长 1.02 米，约占船长

70% 的大桨，桨叶呈刀形，背厚刃薄，架在船尾正中凹缺处，由此可见尾部的这个大长桨与两舷其他 16 把长桨是完全不同的，它就是控制航向的长梢。

舵与梢相比，梢的结构更简单一些。增长桨柄演变成为梢，可能要比增大桨叶面积演变成舵要容易得多，因此梢的出现应比舵早。

《释名》一书对舵的解释是："其尾曰柂，柂，拖也，在后见拖曳也，且弼正船使顺流，不使他戾也。"柂即舵，书中明确说明舵的位置在船尾，用途是扶（弼）正船的航向。至于舵的形状与构造，《释名》里没有进一步说明。不过，从汉代的文物——广州东汉陶船模型，可知舵的构造及其使用。

广州东汉陶船模型，在其尾部正中位置上已经有了舵。这个舵与操纵桨相比已有很大的变化，舵面积比桨叶面积宽展了许多。若仔细观察陶船模型，就会发现这个舵不是沿着竖直的舵杆轴线转动，它还残留着以桨代舵的痕迹。即使这样，这个舵已经不算是桨了。从世界范围来说，它算是最早的舵，是具有现代意义的平衡舵。平衡舵的形象在宋代张择端的著名绘画《清明上河图》中可以看到。把汉代的文物和汉代的书籍两相对照，可断定舵是产生于汉代的。因其位于尾部，也称船尾舵。

船尾舵何时才演变到沿垂直轴线转动，迄今尚无确凿物证。隋唐大运河柳孜遗址出土的唐船的船尾拖舵，还不是带转轴的平衡舵，要靠搬动舵杆改变舵角，转舵时相当费力。

不过唐开元年间著名画家郑虔所绘山水画中已出现具有垂直轴线的舵。这就说明至少在唐代或唐代以前，舵的轴线就已垂直化了。文物和文献都证明，我国舵的发明和应用大约早于西方近1000年，这是不争的事实。

舵是控制航向并保证船舶操纵灵活性的重要属具。自汉代起舵已被广泛应用，后来人们将舵与风帆配合使用，使得船舶的航线大为扩展。到了唐宋时期，舵的技术已成熟。出现了在舵杆之前也有部分舵叶面积的平衡舵，其特点是转舵省力、快捷，保证了操纵船航向的灵活性。

《清明上河图》中的船舵、天津静海宋代内河船的舵，都是中国在北宋时期已出现平衡舵的实物证据。此外，平衡舵还可以升降。深水时将舵降下，既可提高舵的作用力，也可提高抗横向漂移的能力。浅水时将舵提起使舵得到保护。《清明上河图》中舵的升降索和绞车、泉州宋船和宁波宋船的舵杆

《姑苏繁华图》中的平衡舵

承座都可为此说法提供依据。

中国在北宋时期已经广泛使用平衡舵的时候，外国尚不知使用舵。中国发明的舵现今已在全世界广泛应用，用得最多的正是平衡舵或者半平衡舵。

《姑苏繁华图》中的船有些采用了普通舵，有些采用了平衡舵。中、小型船用的普通舵采用甲板穿孔、单承座或双承座与承舵杆连接的方式，大型船采用可升降的平衡舵。

碇与锚

船作为水上运载工具，要有行有止。古代系泊工具主要是碇，现代主要是锚。在独木舟和船使用初期，可以靠河岸上的树木或大石头系泊，当船舶向开阔水域或海洋航行以后，没有近岸的木桩和石头可借以系泊，便只能靠专用的系泊工具了。

早期的系泊工具碇，是

未经加工且形状便于捆扎的石头。当船舶需要停下时，便用绳索绑上石头，或者用系着绳索的网兜装上它，绳索另一端与船身相连，然后把它投入水底，利用石块的重量拖住船身，这是简便易行的方法。古籍中常用"下碇"一词描述此操作，启航则称为"启碇"。

碇的使用可追溯到新石器时代。在我国浙江余姚河姆渡文化遗址中，曾发现新石器时代晚期的碇，是1块直径约50厘米的圆石，它被装在专门编织的网兜内。

碇的构造，到了汉代有了很大的进步。如广州东汉陶船模型船首悬挂的碇有两个爪，在垂直于两个爪构成的平面上又有一横杆。以徐兢所著《宣和奉使高丽图经》中提到的"石两旁夹以二木钩"为依据，将此碇进行复

| 码头雕塑 |

｜2004年宝船厂遗址六作塘出土的铁锚｜冯立昇 摄

碇石，长232厘米，中段宽29厘米，厚17厘米。这块碇石由坚硬的花岗岩制成，两侧对称地凿有凹槽，现保存在泉州海外交通史博物馆。碇石有助于木钩抓泥的同时，还使碇的抓力增加数倍。当碇垂到海底时，如果有木钩未抓入海底泥土，则石碇呈不稳定状态，只要碇索稍有摆动，石碇将翻转并促使木钩抓入海底泥土。

除石碇外，在航海时还常常使用木碇。1975年，在泉州湾发现的大木碇，残余长度约有7.57米，上面有系缆绳和安碇担的圆孔，也有用铁箍加固后留下的锈迹。

在山东蓬莱出土的元代古船，其上也有个大木碇，碇杆长5.21米，宽0.4米，材质为灰黄色杉木，上面也

原，可看出这实际上是种木石结合碇，原理是利用爪的抓力泊船。

发端于汉代的木石结合碇，沿用了很长时间，而且不断改进。1975年，在泉州晋江滩地出土的宋元时期的

有缆绳孔和安碇担的圆孔。

《天工开物》绘有锤锚图并记有："凡舟行遇风难泊，则全身系命于锚，战船、海船有重千钧者。锤法先成四爪，以次逐节接身。"

中国的锚大多是"四爪锚"，这是中国独创的系泊工具。四爪锚的优点是必有两爪同时抓泥，因而也常被外国船舶所引用。此外，在《天工开物》中曾讲述到锚的应用，在与冶铸有关的内容中还讲述了四爪铁锚的锻造工艺和锚爪的焊接工艺。由此可见，明代制造和应用四爪铁锚的技术已十分成熟。

本书对船舶在中国的起源、发展和演变历程进行了梳理和简要介绍。在运用机器动力的现代钢铁船舶出现之前，船舶经历了从筏、独木舟、木板船到大型木帆船的发展过程。中国的造船业不仅历史悠久，而且在发展期间有许多发明创造。如汉

《天工开物》中的锻造铁锚图

代发明了橹和舵，这是造船技艺方面新的突破。到了北宋时期，中国船上已普遍使用升降舵，船在浅水区把舵上提，到了深水区把舵下降到船身底下，从而免除了船体尾部水流的不利影响，提高了操船效率。为改善舵的效能，中国人还发明了平衡舵、多孔舵等不同类型的舵。中唐之后，中国船上已普遍使用水密舱壁，这类结构不仅保证了船在水中航行的安全，而且使船体结构轻巧。中国发明的船尾舵、水密舱壁、多重桅杆技术，极大地推动了全世界的造船技术发展以及水上交通与航海活动，绝大多数现代船舶都采用了水密舱壁和船尾舵。直至今天，中国传统造船技艺仍然在许多地区得到了传承，成为重要的非物质文化遗产，值得我们珍视。

图书在版编目（CIP）数据

造船史话 / 冯立昇编著 ；刘托本辑主编. —— 哈尔滨：黑龙江少年儿童出版社，2020.2（2021.8重印）
（记住乡愁 ：留给孩子们的中国民俗文化 / 刘魁立主编. 第八辑，传统营造辑）
ISBN 978-7-5319-6482-7

Ⅰ. ①造… Ⅱ. ①冯… ②刘… Ⅲ. ①造船工业－工业史－中国－青少年读物 Ⅳ. ①F426.474-49

中国版本图书馆CIP数据核字(2020)第005514号

记住乡愁——留给孩子们的中国民俗文化　　　　　刘魁立◎主编

第八辑 传统营造辑　　　　　　　　　　　刘　托◎本辑主编

造船史话 ZAOCHUAN SHIHUA　　　　　冯立昇◎编著

出 版 人：商　亮
项目策划：张立新　刘伟波
项目统筹：华　汉
责任编辑：张愉晗
整体设计：文思天纵
责任印制：李　妍　王　刚
出版发行：黑龙江少年儿童出版社
　　　　　（黑龙江省哈尔滨市南岗区宣庆小区8号楼 150090）
网　　址：www.lsbook.com.cn
经　　销：全国新华书店
印　　装：北京一鑫印务有限责任公司
开　　本：787 mm×1092 mm　1/16
印　　张：5
字　　数：50千
书　　号：ISBN 978-7-5319-6482-7
版　　次：2020年2月第1版
印　　次：2021年8月第2次印刷
定　　价：35.00元